Geniesse jede Zigarette!

Das etwas andere Nichtraucherbuch

Adion Halbmond

Bibliografische Information der Deutschen Nationalbibliothek: Die Deutsche Nationalbibliothek verzeichnet
diese Publikation in der Deutschen Nationalbibliografie;
detaillierte bibliografische Daten sind im Internet über
www.dnb.de abrufbar.

© 2014 Adion Halbmond

Geschrieben in Basel, Schweiz.

Herstellung und Verlag:

BoD – Books on Demand, Norderstedt

ISBN 978-3-7357-2145-7

„Leben heisst Veränderung"

Inhaltsverzeichnis

1 Du bist schwach

Du hast dich also dazu entschieden ein Buch zu lesen, das dir dabei helfen soll mit dem Rauchen aufzuhören. Ich schliesse daraus, dass es sich bei dir um einen Raucher handelt. Vielleicht bist du ja auch nur einer von diesen neugierigen Nichtraucher. Sollte das der Fall sein, so kann ich dich nur bemitleiden. Nicht dafür, dass du kein cooler Raucher bist, sondern dafür, dass du in deinem Leben nichts Besseres zu tun hast - mal ehrlich, get a life. Leg das Buch also am besten bei Seite, oder noch besser, schenke es jemandem, der gerne mit dem Rauchen aufhören möchte.

Gut, da dies nun geklärt ist, kann ich davon ausgehen, dass du ein Raucher bist, ein Raucher, der mit dem Rauchen aufhören möchte, der es aber von alleine nicht schafft. Das macht dich nicht gerade zu einem sehr willensstarken Menschen, aber zumindest bist du ein Mensch, der klug genug war, oder zumindest sozial gut genug vernetzt, um an dieses Buch heran zu kommen.

Sehr wahrscheinlich hat man es dir geschenkt. Falls du es aber von ganz alleine geschafft haben solltest einen Buchladen ausfindig zu machen, dich dorthin zu begeben und einen Teil deines kostbaren Gelds dafür auszugeben – herzlichen Glückwunsch. Dann hast du nämlich gegenüber denjenigen, die sich dieses Buch haben schenken lassen schon mal einen kleinen Vorteil, denn du hast Initiative gezeigt. Das ist gut im Allgemeinen und äusserst nützlich für das, was in diesem Buch noch folgt. Aber auch für dich lieber Beschenkter gibt es Hoffnung, kein Grund also, um traurig zu sein.

Was letztendlich entscheidend sein wird über deinen Erfolg oder deinen Misserfolg beim Aufhören zu rauchen, ist deine Bereitschaft mir zu gehorchen. Ja du hast richtig gehört, du musst tun was ich dir sage, du musst mir gehorchen. Überleg doch mal, anscheinend hast du Mühe damit, von alleine das Rauchen zu stoppen. Du brauchst dazu Hilfe. Du suchst Hilfe in diesem Buch. Dieses Buch kann dir aber nur dann helfen, wenn du a: es liest, und b: tust was darin steht.

Es handelt sich hier nicht um ein Zauberbuch, die Buchstaben und Wörter hier drin sind nicht magisch, es reicht nicht aus, es einfach bloss anzuschauen und schon bist du deine Sucht los. Ne, ne, ne, Pech gehabt mein Junge. Mami und Papi haben dich gewarnt vor den bösen Zigaretten und du hast sie trotzdem geraucht. Jetzt bist du süchtig, selber schuld. Ich als Nichtraucher kann an dieser Stelle nur hämisch über dich lachen - muahaha. Aber keine Angst lieber, kleiner, willensschwacher Raucher, wir kriegen das schon wieder hingebogen. Ja ich helfe dir, schliesslich bin ich ein netter Mensch.

Allerdings wird nicht jeder von euch es schaffen mit dem Rauchen aufzuhören, nachdem er dieses Buch zu Ende gelesen hat. Ich bin zwar ein Genie, manche nennen mich sogar Halbgott und eigentlich kann ich wirklich alles, aber selbst mir sind gewisse Grenzen gesetzt. So ist das Universum nun mal, nichts ist perfekt, nicht einmal ich. Ich weiss, man kann es kaum glauben, aber es ist so und wie du siehst bin ich bescheiden genug, dies sogar offen zuzugeben. Aber eben, einige von euch, die besonders willensschwachen, werden es selbst mit Hilfe dieses Buches nicht schaffen. Denen kann ich dann eigentlich nur einen Rat geben: Lest das Buch ein zweites Mal. Oder noch besser: Kauft das Buch ein zweites Mal und lest es erneut. Vielleicht hilft das ja.

Die Schlauen unter euch haben es bereits gerafft. Von euch Lesern dieses Buches wird es nach dem Lesen der letzten Seite zwei Kategorien geben. Die, die es geschafft haben und die, die es nicht geschafft haben. Gewinner und Verlierer, Siegertypen und Loser, Helden und Versager. Ja lieber Leser, du wirst zu einer dieser beiden Kategorie gehören, true story.

Bekommst du gerade ein flaues Gefühl in der Magengegend? Möchtest du am liebsten das Buch auf der Stelle weglegen und es irgendwo verstauben lassen? Tja, Pech gehabt. Auf diese Weise kommst du auch nicht um die Kategorisierung herum. Auf diese Weise nimmst du lediglich eine Abkürzung. Ein Abkürzung, die dich direkt ins Lager der Loser, Verlierer und Versager führt. Ausserdem bist du dann noch zusätzlich ein Angsthase, ein Drückeberger, ein Feigling - deine Entscheidung.

Ich rate dir deshalb dazu weiter zu lesen und ich rate dir sogar dazu, dieses Buch zu Ende zu lesen. Und zwar aus dem einfachen Grund, weil du dann nicht für den Rest deines Lebens diese kleine Stimme im Kopf hast, die dir sagt, dass du ein Loser bist, ein Versager, ein Angsthase, ein Drückeberger, ein Feigling. Gut, ein Loser und Versager kannst du natürlich immer noch werden, nämlich dann, wenn du es nicht schaffst mit Hilfe dieses Buches mit dem Rauchen aufzuhören. Aber zumindest beschimpft dich deine Kopfstimme dann nicht mit Angsthase, Drückeberger und Feigling. Ist doch schon mal was.

An dieser Stelle erlaube ich es dir, kurz an diejenige Person zu denken, die dir dieses Buch geschenkt oder empfohlen hat. Keine Sorge, du findest bestimmt einen geeigneten Weg, dich an ihr zu rächen.

Nein, ernsthaft jetzt. Du liest dieses Buch zu Ende, du hältst dich an das, was ich dir sage, du befolgst meine Ratschläge, du machst die Aufgaben, die ich dir auftrage und du wirst entweder Erfolg haben oder scheitern. Du wirst aufhören mit dem Rauchen und zwar für immer, oder du wirst weiter rauchen oder wieder damit anfangen. Das ist übrigens dasselbe, nur halt mit einer Pause dazwischen, haben die meisten von euch bestimmt schon mal erlebt. Entweder gehörst du am Ende zu denjenigen, die es geschafft haben, oder du wirst wieder einmal versagt haben. Nur diese beiden Gruppen gibt es.

An dieser Stelle habe ich eine erste kleine Aufgabe für dich. Die Aufgaben, die ich dir stelle, solltest du übrigens immer machen, das erhöht deine Erfolgschancen beträchtlich. Und sie sind meistens auch gar nicht so schwer.

Du musst das so betrachten, dieses Buch ist nicht ein Buch zum Lesen, dies ist ein Buch zum Machen. Das heisst, du musst lesen und machen, das gehört in diesem Buch zusammen. Du liest hier nicht einen Roman oder einen Krimi oder so was. Du liest hier ein Mitmachbuch, verstehst du? Mach also immer mit, wenn ich dich dazu auffordere, mach die Aufgaben, die ich dir stelle.

Das Wichtigste ist, dich dafür selber beim Lesen zu unterbrechen. Das ist gar nicht so einfach wie es sich anhört. Der Grund dafür ist eigentlich ganz offensichtlich. Gerade du als Raucher solltest das wissen. Bei uns Menschen laufen Dinge oft völlig automatisch und unbewusst ab. In der Vergangenheit hast du Bücher einfach gelesen. Du hast nie gelernt während dem Lesen eines Buches eine Pause zu machen. Du hast Pausen gemacht, wenn es dir danach war, aber nie, wenn es dem Buch danach war. Das ist ein immenser Unterschied. Du hast also verinnerlicht, einfach immer weiter zu lesen, so wie es dir gerade passt. Dieses Muster ist in deinem Gehirn abgespeichert und gilt für alle Bücher, die du in Zukunft lesen wirst und leider auch für dieses hier.

Da du nun aber darüber Bescheid weisst, kannst du gezielt dagegenhalten. Wer ist klüger, du oder dein Gehirn? Wer hat die Macht? Richtig, du! Also denke immer daran bei Aufgaben das Buch beiseite zu legen. Das sollte selbst ein so gänzlich willensschwacher Mensch wie du hinbekommen.

Also, hier kommt deine erste Aufgabe. Die ist nebenbei bemerkt recht klein und geht ganz schnell. Später wird sich das ändern. Also gut, los geht's: Stelle dir eine grosse Gruppe von Menschen vor. Bei dieser Gruppe handelt es sich um sämtliche Menschen, die dieses Buch bereits gelesen haben und wie du krampfhaft versucht haben mit dem Rauchen aufzuhören. Teile diese Menschen in zwei Gruppen ein und zwar in die, die es geschafft haben und in die, die es nicht geschafft haben. Sieh sie dir nun genau an. Sieh dir die Gruppe an mit denjenigen, die es geschafft haben, stell sie dir bildhaft vor. Höre ihnen bei ihren Gesprächen zu, rieche an ihnen. Wie sehen sie aus, diese Siegertypen? Und sieh dir auch die Gruppe an mit denjenigen, die es nicht geschafft haben. Sieh sie dir genau an. Was fühlst du dabei? Wie sehen sie aus, diese Versager? Leg das Buch nun kurz weg und mach diese Aufgabe - jetzt.

Alter ich meins ernst, mach die Aufgabe und lies erst danach weiter! Du hast mir gehorcht und die Aufgabe erledigt? Nun gut, ich will dir ausnahmsweise mal glauben, du darfst weiterlesen. Für all die anderen heisst es einen Abschnitt zurück und nochmals durchlesen und vor allem tun was darin steht.

Zu einer dieser beiden Gruppen, die du dir gerade vorgestellt hast, wirst du bald schon gehören – schöne Scheisse, was? Das Gute ist, du hast eine Chance in die Siegergruppe zu kommen. Jeder von euch willensschwachen Lesern hat diese Chance. Ihr habt das Potential und ihr habt die Zukunft vor euch. Mehr braucht es nicht, alles ist möglich. Ausserdem hast du ein super Ass im Ärmel - mich.

Ich zeige dir wie es geht, ich leuchte dir den Weg. Ich führe dich hinaus aus dem dunklen, verqualmten Tal der Süchtigen, hinaus zur Sonne, zum Licht, direkt hinein in die Gemeinschaft von Menschen, die es geschafft hat den teuflischen Glimmstängeln für immer zu entsagen - halleluja.

2   Du bist verwirrt

Als allererstes muss ich dich über etwas auf-
klären. Du bist nämlich etwas verwirrt im Kopf.
Du weisst das vermutlich noch nicht einmal,
aber es ist so. Jetzt bloss keine Panik schieben,
du hast ja schliesslich mich, ich helfe dir dabei,
die Dinge etwas klarer zu sehen. Also ganz
ruhig und cool bleiben, einmal tief durchatmen
und schön konzentriert weiterlesen.

Also lieber Leser, es ist ganz einfach: Du weisst
nicht was du willst. Du glaubst nämlich, dass du
mit dem Rauchen aufhören möchtest. Aber das
stimmt gar nicht. Du willst nicht mit dem Rauchen aufhören, du willst rauchen. Glaub mir,
wenn du wirklich mit dem Rauchen aufhören
wolltest, dann hättest du es schon längst getan.
Du willst rauchen, das ist Tatsache.

Wieso sonst zündest du dir immer wieder eine
Zigarette an? Zwingt dich jemand dazu? Wirst
du körperlich bedroht oder erpresst? Falls ja, tut
mir das Leid für dich, dann kann nicht einmal ich
dir helfen. Dann rate ich dir dazu ein anderes
Buch zu lesen als dieses hier, die nette Ver-

käuferin in deinem Buchladen kann dir bestimmt eins empfehlen.

Aber zurück zum Thema, deiner Verwirrtheit. In deinem Gehirn gibt es zwei Stimmen, eine von einem Teufelchen und eine von einem Engelchen. Beide wollen etwas anderes. Die eine Stimme sagt dir: „Rauch eine Zigarette, sie schmeckt gut." Die andere sagt dir: „Hör endlich auf zu rauchen, Rauchen ist schlecht für dich." Kommt doch so in etwa hin, oder?

Nun denn, bevor du damit beginnen kannst mit dem Rauchen aufzuhören, musst du zuerst einmal Klarheit schaffen. Ansonsten kommt immer wieder die eine von den beiden Stimmen und bewegt dich dazu, das andere zu tun. Machst du gerade eine Rauchpause, dann kommt die Stimme, die dir sagt wie gut Zigaretten schmecken und wie toll es wäre eine zu rauchen. Und wenn du rauchst, oder zumindest wenn du zu viel rauchst, kommt die Stimme, die dir sagt, dass es besser wäre damit aufzuhören.

Dämmert es dir langsam? Du bist verwirrt, du weisst nicht was du willst. Manchmal willst du rauchen und manchmal willst du damit aufhören.

Du bist aber immer derselbe Mensch - du bist immer du! Was willst du eigentlich? „Das ist nicht so einfach", sagst du jetzt und du hast recht damit. Es ist nicht einfach. Das Leben ist nicht einfach. Mit dem Rauchen aufzuhören ist nicht einfach.

Hab ich dir eigentlich schon erzählt, wie ich mit dem Rauchen aufgehört habe? Ich sehe genau vor mir, wie dir jetzt deine Kinnlade herunterfällt. „Was dieser coole Typ, dieser wahnsinns Halbgott hat einmal geraucht – das hätte ich jetzt nicht gedacht." Ja, ist aber so. Ich bin nahezu perfekt und gerade deswegen bin ich auch der Meinung, dass jeder einmal geraucht haben sollte. Jeder sollte einmal Raucher sein und dann damit aufhören. Mal ehrlich, was ist besser? Nie geraucht zu haben und einer von diesen uncoolen Langweiler zu sein, oder aber zu den coolen Rauchern gehört zu haben und es dann erst noch geschafft zu haben damit aufzuhören?

Du siehst also, du bist auf dem besten Weg und hast bisher alles richtig gemacht. Spürst du wie ich dir leicht auf die Schulter klopfe? Hast du auch verdient. Schliesslich gehörst du zu der

Sorte von Menschen, die etwas wagen, die bereit sind ein gewisses Risiko einzugehen.

Aber zurück zu mir. Wie habe ich aufgehört? Schliesslich konnte ich nicht wie du einfach dieses Machbuch lesen. Überhaupt empfinde ich leichte Verachtung für Menschen, die es nötig haben ein Buch zu lesen, um mit dem Rauchen aufzuhören. Sorry, aber da ich bin nun mal ehrlich. Ich habe kein Buch gelesen, ich war deswegen auch bei keinem Handaufleger oder habe mit Medikamenten, Kaugummis oder Pflaster experimentiert. Solche Sachen machen nur willensschwache Menschen wie du.

Ich habe ganz einfach damit aufgehört, indem ich ganz einfach damit aufgehört habe. Ich habe mich entschlossen nie mehr eine Zigarette zu rauchen, für den Rest meines Lebens. Ich halte das übrigens für den einfachsten Weg mit dem Rauchen aufzuhören. Es ist ganz simpel, man fast einen Entschluss und man hält sich daran. All die inneren Dialoge müssen nicht geführt werden, weil es ja sowieso zu nichts führt, schliesslich raucht man ja nie wieder eine.

Da gibt es kein: „Ach sollte ich vielleicht doch noch eine rauchen? Nur noch eine pro Woche, nur noch am Wochenende, wenn ich Alkohol trinke. Eine letzte vielleicht noch und dann höre ich auf."

All diese Fragen und inneren Dialoge fallen weg, lassen sich bei Seite schieben, wenn man sich ganz einfach dazu entschliesst, nie mehr eine Zigarette zu rauchen, nie mehr.

Aber diese Methode ist nur was für echte Kerle, das ist nur was für Hammertypen wie mich. Diese Methode ist nur etwas für willensstarke Menschen. Tja, Pech gehabt lieber Leser, würdest du auch zu dieser Kategorie Mensch gehören, dann würdest du jetzt nicht dieses Buch lesen. Es braucht eben beides, Licht und Schatten. An dieser Stelle ein herzliches Dankeschön an dich, Menschen wie du lassen mich noch heller scheinen, muchas gracias.

Aber nun wieder zurück zum eigentlichen Thema dieses Kapitels, deiner Verwirrtheit. Wie wir bereits gesehen haben kämpfen in dir zwei Stimmen. Die eine will, dass du rauchst, die andere will, dass du damit aufhörst. Wie wir bereits wissen, bist du bezüglich dem Aufhören zu rauchen willensschwach. Du bist nicht fähig einfach mit dem Rauchen aufzuhören, so wie ich es war. Du kannst dich nicht einfach dazu entschliessen, nie mehr eine Zigarette anzuzünden. Du hast deinen Willen nicht gut genug unter Kontrolle.

Unterbrich mich bitte, falls ich mich irren sollte. Wahrscheinlich liest du das gerade nicht gerne und das ist nur menschlich. Wir Menschen sind verletzlich und die Wahrheit tut manchmal weh. Es ist hier aber unumgänglich, dass ich dir diesen Spiegel vor Augen halte.

Du hast die Wahl: Entweder du startest einen letzten Versuch und machst es so, wie ich es gemacht habe und ziehst es durch, bis zu deinem letzten Atemzug. Oder aber du akzeptierst die Tatsache, dass du zu schwach dafür bist.

Jaja, plötzlich klingt das hier bereits oft erwähnte Wort „willensschwach" nicht mehr so ironisch, nicht wahr? Nun gut, ist ja auch nicht so schlimm, schliesslich halte ich in diesem Buch eine passende Lösung für dich parat. Einfach schön brav weiterlesen und tun was ich dir sage.

3   Du hast ein schlechtes Gewissen

Wir haben also gesehen, dass du zu schwach bist, um einfach mit dem Rauchen aufzuhören. Soll vorkommen, bist auch nicht der einzige auf der Welt, dem es so geht. Dass wir das festgestellt haben bringt uns schon einmal einen grossen Schritt weiter. Wir wissen nun was nicht funktioniert und können deshalb einen anderen Weg ausprobieren. Vielleicht funktioniert auch dieser bei dir nicht. Du erinnerst dich doch bestimmt noch an die beiden Kategorien von Menschen aus dem ersten Kapitel, nicht wahr?

Alle Versuche irgendwie mit dem Rauchen aufzuhören sind abgeschwächte Versionen von der Methode, wie ich es gemacht habe. Das funktioniert bei dir aber nicht.

Ich könnte dir hier seitenlang einreden, wie ungesund es ist zu rauchen. Ich könnte dir vorrechnen wie viel Geld du sparen könntest. Ich könnte dir erzählen wie viele Lebensjahre du dazugewinnen kannst, wenn du mit dem Rauchen aufhören würdest. Ich könnte dir endlos lange ins Gewissen reden, nur um deinen Willen zu stärken. Das ist mir allerdings alles zu blöde und ausserdem gibt es bereits unzählige Bücher, die genau dies tun. Und viele Menschen schaffen es auch mit Hilfe solcher Bücher mit dem Rauchen ganz aufzuhören, oder zumindest lange Pausen herbeizuführen. Dieses Buch hier ist jedoch für Menschen, bei denen diese Methode nicht funktioniert.

Mir geht es nicht darum deinen Willen zu stärken. Versteh mich nicht falsch, ich finde einen starken Willen etwas sehr wichtiges. Ich vertrete aber die Meinung, dass man seinen Willen aus anderen Gründen stärken sollte. Der Grund ihn zu stärken, um dann in der Lage zu sein mit dem Rauchen aufzuhören, finde ich irgendwie erbärmlich.

Es gibt wichtigere Gründe für einen starken Willen, doch das muss jeder für sich selbst entscheiden. Jeder hat das Recht selbst zu entscheiden, wie er sein Leben lebt. Jeder hat das Recht selbst zu entscheiden, wie fremd-bestimmt er sein Leben verbringen möchte, wie sehr er sich treiben lassen möchte. Da gibt es kein Gut oder Schlecht, sondern nur persönliche Meinungen.

Dass ich mich mit meiner Meinung nicht zurückhalte, hast du bereits gemerkt. Ich tue dies nicht, um dich zu demütigen, sondern um eine gewisse Härte in die Thematik zu bringen. Naja, ein bisschen geniesse ich es natürlich schon dich zu demütigen.

Aufhören zu rauchen ist kein Zuckerschlecken, egal mit welcher Methode. Wäre es einfach, dann gäbe es viel weniger Raucher auf dieser Welt. Wenn zwischen der ganzen ironischen Selbstüberschätzung manchmal forsche und beleidigende Sätze auftauchen, dann nur deshalb, weil ich glaube, dass es für den Prozess hilfreich ist. Ich fasse dich nicht mit Samthandschuhen an und ich sage dir auch nicht: "Ich glaube an dich! Du schaffst das!" Vielleicht schaffst du es, vielleicht auch nicht, ehrlich gesagt ist es mir auch egal, ich kenne dich ja nicht einmal. Was ich jedoch für dich tun kann, ist dir eine Methode, eine Möglichkeit, eine Strategie zu zeigen, die dir womöglich hilft.

Dazu müssen wir bei dir als nächstes einen Prozess in Gang setzen. Als allererstes musst du das Problem mit den zwei Stimmen in deinem Kopf lösen. Dazu musst du dich für eine entscheiden.

Du kannst nicht ständig hin und her wechseln, das verbraucht zu viel Energie und Zeit und Nerven. Und da du dich nicht für die Stimme des Engelchens entscheiden kannst, weil dann immer wieder das Teufelchen auftaucht und dich erfolgreich verführt, bleibt für dich nur eine Möglichkeit übrig. Du musst dich für das Teufelchen entscheiden. Dazu musst du die Stimme des Engelchens loswerden. Oder anders gesagt, du musst dein schlechtes Gewissen loswerden. Denn genau das hast du, ein schlechtes Gewissen.

Die Gründe für dein schlechtes Gewissen sind sehr vielfältig und sie sind von Mensch zu Mensch sehr verschieden. Einer der Punkte, der bei den meisten Rauchern das grösste, das stärkste schlechte Gewissen auslösen, ist der Punkt der persönlichen Gesundheit.

Wir haben alle irgendwann mitgekriegt, dass Rauchen ungesund ist. Ich glaube, wir können davon ausgehen, dass das auch stimmt. Immer wieder können wir von Statistiken lesen, die genau aufzeigen, dass Raucher anfälliger sind für gewisse Krankheiten. Ich möchte hier nicht auf einzelne Fakten eingehen, auch dazu gibt es bereits genügend Bücher. Solltest du aber das Bedürfnis verspüren, mehr Informationen zu diesem Thema zu bekommen, so wirst du bestimmt auch im Internet fündig.

Deine persönliche Gesundheit ist also vermutlich der Hauptgrund für dein schlechtes Gewissen. Dazu kommt noch bei den meisten von euch, dass man euch im Kindesalter gesagt hat, dass das Rauchen schlecht sei. Man hat es euch verboten und euch ständig versucht einzureden, auf keinen Fall damit anzufangen.

Für den weiteren Verlauf halte ich mich an diese zwei Gründe für dein schlechtes Gewissen. Eben, es gibt noch viele weitere Gründe, aber ich habe keinen Bock auf weitere einzugehen, es genügen mir diese zwei, deine persönliche Gesundheit und deine soziale Prägung im Kindesalter.

Zwei Dinge müssen wir also sicher schon mal bei dir hinbekommen. Zum einen musst du dir darüber im Klaren sein, dass du nun Erwachsen bist und tun und lassen kannst, was immer du willst. Ok, du kannst nicht wirklich alles tun und lassen was du willst. Ich fordere dich hier nicht dazu auf, irgendwelche unrechtmässige oder ethisch verwerfliche Dinge zu tun. Was ich will ist, dass du dir klar darüber wirst, dass du dazu berechtigt bist zu rauchen, und dass du niemandem Rechenschaft darüber ablegen musst. Du bist keinem eine Erklärung schuldig dafür, dass du rauchst. Es ist dein gutes Recht zu rauchen. Es ist erlaubt. Es ist dir erlaubt von Gesetztes wegen und es ist aus ethischer Sicht erlaubt. Schliesslich leben wir in einer doch ziemlich freien Welt und das Rauchen von Zigaretten ist etwas, dass man niemandem verbieten kann.

Zum anderen musst du dir darüber klar werden, dass der Genuss, der dir das Rauchen bietet, grösser ist als die möglichen gesundheitsschädigenden Konsequenzen. Du kannst nicht beides haben. Du kannst nicht rauchen und gleichzeitig damit deinen Körper vor schädlichen Stoffen verschonen. Wenn du rauchst, dann schadest du deinem Körper, aber das ist egal, denn du bekommst durch das Rauchen etwas, dass dir viel mehr Wert ist als deine

Gesundheit. Wäre das nicht der Fall, hättest du schon längst damit aufgehört.

Du musst dir bewusst werden, dass dir der Genuss wichtiger ist als deine Gesundheit. Dafür gibt es auch plausible Gründe. Nicht jeder der raucht stirbt an den Folgen des Rauchens oder trägt gesundheitsschädigende Konsequenzen davon. Mal ehrlich, Rauchen ist doch eigentlich echt super und macht irre Spass. Es ist cool, man fühlt sich lebendig, man fühlt sich verbunden mit anderen Menschen die ebenfalls rauchen, und, und, und.

Jeder der raucht und aus einem Grund stirbt, der nichts mit dem Rauchen zu tun hat und jeder der keine negativen gesundheitlichen Konsequenzen durch das Rauchen davonträgt, wird sich glücklich geschätzt haben können, in seinem Leben geraucht zu haben. Solange er dabei natürlich kein schlechtes Gewissen gehabt hat.

Du merkst es bereits. Du darfst dir vom Rauchen nicht den Spass am Rauchen verderben lassen. Das ist ganz essentiell. Dein erster grosser Schritt auf dem Weg zum Nichtraucher muss es daher sein, dein schlechtes Gewissen loszuwerden. „Wie geht das?", wirst du dich jetzt fragen. Nun, das ist zwar nicht ganz einfach, aber durchaus machbar.

Ich glaube an dieser Stelle ist es wieder einmal Zeit für eine Aufgabe für dich. Für diese Aufgabe wirst du dir wohl etwas mehr Zeit nehmen wollen, als für die erste.

Es geht darum eine Pro- und Contraliste aufzustellen. Ehrlich gesagt bin ich von dieser Aufgabe nicht hundertprozentig überzeugt. Ich bin mir nicht sicher, ob sie wirklich etwas bringt. Aber ich will, dass du sie trotzdem machst. Ich darf das auch verlangen, schliesslich bin ich hier der Boss und nicht du. Selbst wenn ich von dir verlange, dass du nackt auf einem Bein durch die Fussgängerzone deiner Stadt hüpfst und dabei lautstark Kumbeijah singst, hast du das gefälligst zu tun. Das Ganze hier funktioniert schliesslich nur, wenn du tust was ich von dir verlange. Verstanden?

Ich möchte also, dass du ein leeres A4 Blatt findest und mit einem Stift eine Linie von oben nach unten ziehst, möglichst in der Mitte. Dann schreibst du auf die eine Seite Pro und auf die andere Contra, et voila.

Die Aufgabe besteht nun nicht darin, die Seite zu füllen mit allem was dir einfällt. Dass du das tun sollst ist ja wohl selbstverständlich, selbst du solltest das gepeilt haben. Nein, deine Aufgabe besteht darin herauszufinden, wie du sie am einfachsten füllen kannst. Denn wenn ich dir jetzt einfach nur die Aufgabe gebe das Blatt zu füllen, dann machst du das vielleicht ein paar Minuten lang und gibst dich dann damit zufrieden. Ich weiss das, denn willensschwache Menschen wie du sind meist faul.

Wir müssen also einen Weg finden, wie du es schaffst das Blatt so komplett wie möglich auszufüllen. Das ist deine Aufgabe, herauszufinden wie du das schaffst.

Du kannst die Liste zum Beispiel ein paar Tage mit dir herumtragen und jedes Mal wenn dir etwas einfällt schreibst du es auf. Oder du machst dir tagsüber Notizen auf deinem Handy und schreibst am Abend alles was du dir notiert hast auf das Blatt.

Vielleicht wirst du tagsüber aber nicht eine Sekunde an die Liste denken. Dann ist es vielleicht besser für dich, wenn du sie dir auf der Toilette aufhängst und jedes Mal, wenn du an einem grossen Geschäft arbeitest, auch an der Liste arbeitest. Oder du stellst dir auf deinem Handy alle paar Stunden einen Wecker, um dich daran zu erinnern nach Gründen zu suchen.

Jeder von euch Lesern ist ein anderer Mensch, jeder von euch muss seine eigene, seine beste Methode finden, wie er die Liste komplettieren kann. Das ist also deine Aufgabe. Nimm dir ein paar Minuten Zeit und überlege dir eine kreative Lösung, danach darfst du weiterlesen. Mache diese Aufgabe jetzt.

Gut, ich gehe davon aus, dass du eine passende Lösung für dich gefunden hast. Das Ziel ist klar, die Liste muss so komplett ausgefüllt sein wie nur möglich. Bestimmt kannst du in etwa abschätzen, wie lange das dauern wird. Bei den meisten von euch wird es wohl zirka eine oder zwei Woche dauern. Denn am Wochenende beim Partymachen fallen dir bestimmt andere Gründe ein, als während dem wöchentlichen Firmenfussball. Soweit so gut.

Was nun folgt ist eine Lesepause. Ja ich weiss, du klebst förmlich an meinen Lippen und nichts würdest du lieber tun, als dieses Buch in einem Zug durchzulesen. Ich verstehe dich und begrüsse natürlich auch deinen Enthusiasmus. Aber der Pfad zum Nichtraucher ist steil und nicht immer spassig. Ich muss dich hier leider auf Leseentzug setzen. Du darfst erst wieder weiterlesen, wenn deine Liste komplett ist, wenn du das Gefühl hast, dass alles drauf ist, was drauf gehört.

Nur noch eins, du weisst, ich habe nicht gerade das grösste Vertrauen in dich. Ich kann mir gut vorstellen, dass du ein vergesslicher Mensch bist und nicht sehr viel Kontinuität und Disziplin in deinem Leben hast. Somit besteht die Gefahr, dass du vergisst an der Sache dran zu bleiben. Bevor du dieses Buch also in irgendeiner Schublade versorgst, möchte ich, dass du dir irgendwo in deiner Wohnung eine Erinnerung setzt, einen reminder.

Wie du das machst ist mir egal, dafür gebe ich dir auch keine Tipps. Wenn du schon gross genug bist, um Rauchen zu können, dann bekommst du bestimmt auch so etwas hin. Mach dir also eine Erinnerung und versorge dann das Buch, oder umgekehrt, wie du möchtest. Mach das jetzt.

4   Dein Engelchen hat Sendepause

Da bist du ja wieder. Bestimmt hast du mich vermisst. Erst mal ein Lob für dich, dass du wirklich nicht weitergelesen hast. Und natürlich auch dafür, dass du das mit dem komplett Ausfüllen so gut hingekriegt hast. Wieder einmal spürst du meine Hand leicht auf deine Schulter klopfen und hörst dazu ein leises „Bravo".

Aber genug Zuckerbrot und weiter mit der guten alten Peitsche. Du bist jetzt stolzer Besitzer deiner ganz persönlichen und komplett aus-gefüllten Pro- und Contraliste. Beide Listen brauchen wir für den weiteren Verlauf dieser Therapie. Zuerst benötigen wir jedoch nur die Contraliste.

Auf der Contraliste sind die Argumente des Engelchens. Du weisst doch bestimmt noch, Engelchen und Teufelchen und so. Also, was wir nun machen ist, die Stimme des Engelchens zum Schweigen zu bringen, zumindest für eine Weile. Wir murksen das Engelchen nicht ab, wir lassen es nicht über die Klippe springen, aber wir werden es für eine lange Zeit in die Wüste schicken. Adios, mach's gut.

Wie du noch weisst, bist du innerlich sehr verwirrt. Dazu reicht ein Blick auf deine Pro- und Contraliste. Das Engelchen konnte dich bis anhin nicht überzeugen. Vielleicht manchmal für kurze Zeiten, aber letztendlich war das Teufelchen immer stärker. Aber das Engelchen hat nie aufgegeben, ständig schwirrt es umher und nervt. Immer wieder taucht es mit seinen bescheidenen Ratschlägen auf und geht dir tierisch auf den Sack. Nun, dem wollen wir hier ein Ende bereiten.

„Ist das nicht gefährlich?", höre ich dich fragen. „Besteht da nicht die Gefahr, dass ich nun in Zukunft noch mehr rauche? Werde ich dadurch nicht noch süchtiger?" Schon möglich, wer weiss das schon genau. Sollte das wirklich der Fall sein, dann ist das halt so, shit happens.

Zwei Gründe sprechen aber dafür, es trotz dieser Gefahr zu tun. Erstens kannst du dann das Rauchen viel mehr geniessen. Denn abgesehen von den möglichen schlechten Konsequenzen des Rauchens, wirst du dadurch eine Steigerung deiner Lebensqualität erfahren.

Zweitens ist dieser Schritt notwendig für den in diesem Buch beschriebenen Prozess, um mit dem Rauchen aufzuhören. Verständlicherweise leuchtet dir das zu diesem Zeitpunkt noch nicht ein. Da musst du mir einfach vertrauen. Du vertraust mir doch, oder? Komm schon, ich bin's. Vertrau mir. Jetzt mal ehrlich, was glaubst du, wieso sich dieses Buch so erfolgreich verkauft? Wohl kaum wegen meiner netten und aufbauenden Worte, oder?

Die hier beschriebene Methode funktioniert, zumindest für einige von euch. Die Methode besteht aus verschiedenen Stufen. Und die erste Stufe besteht nun einmal darin, dein schlechtes Gewissen loszuwerden. Punkt, fertig, aus. Was rede ich da eigentlich, ich muss mich dir gegenüber gar nicht rechtfertigen. Mach's einfach so wie ich es dir sage, oder lass es bleiben. Wundere dich dann aber nicht, wenn du am Ende in der Gruppe der Loser landest.

Ok, weiter im Text. Du weisst nun, was dir dein Engelchen sagen möchte, es steht auf der

Contraseite deines Blattes. Alle diese Punkte werden wir nun Stück für Stück eliminieren. Wie du das machst ist grössten Teils dir überlassen. Ich kann deine Liste schliesslich nicht sehen und jeder von euch Lesern hat eine andere.

Auf zwei Punkte bin ich schon im vorherigen Kapitel eingegangen. Es ging um deine Gesundheit und um deine Sozialisation im Kindesalter. Auch wenn ich nicht weiss, was auf deiner Liste steht, so bin ich mir sicher, dass diese beiden Punkte grosses Gewicht auf deinem Blatt haben. Falls du vergessen haben solltest, was ich damals dazu zu sagen hatte, dann lies die Stelle einfach nochmals durch.

Du hast es vergessen, ich weiss es. Zur Info, die Stelle beginnt unten auf Seite 29 und geht bis Seite 31. Ich möchte, dass du sie noch einmal liest. Ich mache daraus ganz einfach eine Aufgabe, muahaha. Loss, lesen, jetzt!

Was du nun als nächstes tun musst ist folgendes. Du musst dich mit der Contraseite auseinandersetzen und Argumente dafür finden, wieso sie keine Bedeutung haben. Du hast soeben gerade noch einmal eine Stelle im vorherigen

Kapitel gelesen. Da habe ich genau das gemacht. Ich habe mit Gründen gerechtfertigt zu Rauchen.

Rauchen ist nicht schlecht per se. Nur die Dinge auf der Contraseite sind schlecht. Da aber die Dinge auf der Proseite überwiegen, lassen sich die auf der Contraseite eliminieren.

Mathematisch lässt sich das folgendermassen veranschaulichen. Zählst du die Werte aller Argumente auf der Contraseite zusammen, erhältst du zum Beispiel eine fiktive Zahl von 375. Zählst du die Werte aller Argumente auf der Proseite zusammen, erhältst du eine grössere Zahl, zum Beispiel 429.

Dass die Zahl auf der Proseite höher ist, habe ich dir eigentlich schon einmal erklärt und auch wenn ich mich nur ungern wiederhole, so mache ich hier eine Ausnahme. Also hör gut zu: Wäre die Zahl auf der Contraseite grösser, dann hättest du bereits schon mit dem Rauchen aufgehört. Ausser natürlich du benutzt das Rauchen zur Selbstkasteiung. Das ist allerdings ein anderes Thema und hat hier nichts zu suchen.

Zurück zur mathematischen Darstellung. Du hast also zwei verschiedene Werte. Bei Contra ist die Beispielzahl 375 und bei Pro 429. Anstatt dich ständig mit diesen beiden Zahlen auseinanderzusetzen, indem du einzelne Werte miteinander vergleichst, tust du nun folgendes: Du subtrahierst. Und zwar subtrahierst du nicht die einzelne Werte, sondern die beiden Gesamtsummen. Dazu rechne man 429 minus 375. Heraus kommt ein Wert auf der Proseite von 54. Das Pro überwiegt. Das ist der springende Punkt.

Jeglicher innerer Dialog, den du auf Grund deines schlechten Gewissens führst, ist demnach zwecklos. Es ist egal, dass das Rauchen schlecht ist für deine Gesundheit, es ist egal, dass du jeden Morgen Teer ins Lavabo spuckst, es ist egal, dass dein Freund sich beim Küssen ab deinem widerlichen Gestank ekelt. All das ist völlig egal, denn die Vorteile überwiegen. Wieso solltest du also ein schlechtes Gewissen haben? Du bist Raucher und du rauchst. So bist du. Du brauchst dich für nichts zu schämen und dich für nichts zu rechtfertigen. Es gibt Vorteile und es gibt Nachteile. Ist es nicht mit allem im Leben so? Akzeptiere, dass dir die Vorteile wichtiger sind als die Nachteile. Zum dritten und letzten Mal: Wäre es umgekehrt, dann würdest du nicht rauchen.

Sollte also in nächster Zukunft das Engelchen, das wir gerade in die Wüste schicken, sich getrauen auch nur ein klein wenig in deine Nähe zu flattern, dann mache dir das erneut bewusst. Die Vorteile überwiegen und deswegen sind die Nachteile bedeutungslos.

Was du nun noch tun musst ist folgendes: Nimm dein Blatt und geh die Punkte auf der Contraliste Schritt für Schritt durch. Mach dir eine Reihenfolge, oder geh querbeet durch. Fang oben an oder unten, völlig egal.

Aber gehe jeden Punkt durch und rechtfertige bei jedem Punkt, wieso du trotzdem rauchst. Sei dabei kreativ und ehrlich. Benutze dazu auch die Proliste, wenn dir das hilft. Ob du dir deine Ausreden, deine Argumente dabei aufschreiben möchtest oder nicht bleibt dir überlassen. Den meisten Menschen hilft es jedoch, wenn sie das Gedachte durch körperliche Betätigung reproduzieren und dadurch sogar noch zusätzlich visuell wahrnehmen.

Ach weisst du was, mach es schriftlich. Das ist eine Aufgabe. Denk also daran deine Chancen bezüglich der Mitgliedschaft in der Siegergruppe zu erhöhen und mach diese Aufgabe, es wird dir helfen. Ist schliesslich eine einmalige Sache, wenn du's gemacht hast, hast du's hinter dir. Also los, beweg deinen schlaffen, schlecht durchbluteten und verteerten Allerwertesten, suche dir etwas um drauf zu kritzeln und einen Stift.

Den Stift brauchst du sowieso, denn jedes Mal wenn du einen Punkt durchgegangen bist solltest du ihn durchstreichen, und zwar mit Schwung und voller Elan. Mache diese Aufgabe jetzt.

Gut. Deine Liste war wahrscheinlich ziemlich lang und du warst bestimmt mit Ehrgeiz und voller Eifer dabei diese anstrengende Aufgabe zu erledigen. Was nun folgt ist eine weitere Lesepause.

So wie du während dem Erstellen deiner Pro- und Contraliste nicht weiterlesen durftest, so gilt dies auch für die nächste Zeit. Wie lange das sein wird, darfst du selbst entscheiden. Es ist davon abhängig, wie schnell du Fortschritte machst. Es hängt davon ab, wie gut es dir gelingt dein Engelchen zu verbannen.

Wenn du merkst, dass jedes Mal, wenn dich ein Anflug von schlechtem Gewissen befällt, du dir erfolgreich klar machen kannst, dass du gar kein schlechtes Gewissen haben musst, dann bist du bereit weiterzulesen. Sobald du also merkst, dass in dir ein Prozess der Veränderung stattfindet, sobald du merkst, dass du dein Engelchen erfolgreich losgeworden bist, dann bist du bereit weiterzulesen.

Dazu musst du dich in nächster Zeit selbst beobachten, du musst deine Gedanken analysieren. Das erfordert schon ein wenig Einsatz und Willen. Ich hoffe ich verlange da nicht zu viel von dir. Du schaffst das doch, nicht wahr? Dich ein wenig selbst zu analysieren und zu beobachten? Gut, dann bis die Tage. Deine Lesepause beginnt jetzt.

5   Geniesse jede Zigarette

Soso, du glaubst also, dass du dein Engelchen losgeworden bist. Bestimmt bist du nun ein glücklicher und zufriedener Raucher.

Ziel erreicht, muahaha. Du bist mir schön auf den Leim gegangen, jetzt bist du noch süchtiger als zuvor. Du rauchst und machst dir nicht einmal böse Gedanken dazu.

In Wahrheit wurde ich von der Tabakindustrie angestellt, um Menschen wie dich noch süchtiger zu machen. Ziel dieses Buches ist es nicht, den Menschen zu helfen mit dem Rauchen aufzuhören, sondern die Umsätze von Tabakkonzernen zu steigern. Tja, so läuft es manchmal im Leben, man ist heutzutage doch nirgends mehr sicher vor den dunklen Mächten.

Schwachsinn, natürlich bin ich da, um dir zu helfen. Supertypen wie ich lassen sich nicht so schnell von der dunklen Seite der Macht verführen.

Der Plan sieht es vor, dass du, bevor du mit dem Rauchen aufhören wirst, eine optimale Ausgangssituation herbeiführst. Dazu musstest du in einem ersten Schritt dein schlechtes Gewissen loswerden. Da du gerade diese Worte liest, bedeutet das, dass du das geschafft hast. Wenn nicht bist du ein Schummler. Dann hast du es nicht verdient hier zu lesen, dann solltest du dich gefälligst schämen und ein Kapitel zurückblättern.

Aber ok, gehen wir davon aus, dass du erfolgreich warst mit der Verbannung deines Engelchens. Wie du siehst steigt mein Vertrauen in dich langsam. Aber jetzt bloss keine Luftsprünge machen deswegen, ich halte dich immer noch für stark verbesserungsfähig.

Phase eins ist also abgeschlossen, du bist dein schlechtes Gewissen losgeworden. Das bringt uns gleich zu Phase zwei. In Phase zwei geht es darum zu Lernen, das Rauchen richtig zu geniessen. Dazu stelle ich dir kurz eine Frage. Du musst nicht lange über sie nachdenken, ein paar Sekunden reichen aus. Welches sind die besten Zigaretten? Nein du Dummerchen, ich meine damit natürlich nicht eine bestimmte

Marke. Ich meine damit die Situationen, in denen dir Zigaretten besonders gut schmecken, Situationen, in denen es für dich ein besonders grosser Genuss ist zu rauchen. Überlege kurz, jetzt.

Solche besonders gut schmeckenden Zigaretten gibt es für viele Menschen oft nach dem Essen. Oder nach dem Sex. Oder während dem sie Alkohol trinken. Oder nachdem sie lange Zeit keine Zigarette rauchen konnten.

Wie du bestimmt bereits gemerkt hast, trägt dieses Kapitel denselben Titel wie das Buch. Was sagt uns das? Richtig, hier geht es zur Sache. Hier in diesem Kapitel spielt die Musik. Hier liegt die absolute Wahrheit, der heilige Gral, der sagenumwobene Stein der Weisen, die ultimative Weisheit.

Auf deinem Weg zum Ziel ist der Inhalt dieses Kapitels vermutlich der wichtigste. Selbst wenn du es nicht schaffen solltest mit Hilfe dieses Machbuches mit dem Rauchen aufzuhören, so hast du doch schon sehr viel gewonnen, wenn du es fertig bringst, das hier in diesem Kapitel Beschrieben umzusetzen. Gib dir also Mühe.

Los geht's. Bestimmt ziehst du dir regelmässig Zigaretten rein, die dir nicht wirklich viel bringen. Früher, als noch ein Engelchen um deinen Kopf flog, hat es dir manchmal ins Ohr geflüstert: „Hm, diese Zigarette wäre jetzt nicht nötig gewesen." So, oder so ähnlich hat es sich wahrscheinlich angehört. Nun gut, da du ja nun kein Engelchen mehr in deiner Nähe hast, müssen wir für solche Situationen eine andere Lösung finden.

Der Trick, den ich hier propagiere, ist folgender: Du musst bewusster rauchen. Wenn du das Rauchen richtig geniessen möchtest, kann es doch nicht sein, dass du dir die Dinger einfach so reinpfeifst.

Wir Menschen verfallen sehr oft in Automatismen. Das hat viele Vorteile, aber auch viele Nachteile. Beim Rauchen ist das definitiv ein Nachteil. Deshalb solltest du ihn bekämpfen. Du machst das, indem du von nun an bewusster rauchst. Und nicht nur das, du musst die Zigaretten bewusst geniessen.

„Wie soll das gehen, bewusst rauchen und bewusst geniessen?", fragst du mich. Das ist im

Prinzip ganz einfach. Du musst dich während dem Rauchen auf das Rauchen konzentrieren. Das geht am besten, wenn du nebst dem Rauchen nicht viel anderes machst. Du kannst dich schon mit jemandem unterhalten, das geht, aber du solltest dabei nicht unbedingt vor dem PC oder Fernseher sitzen, oder Zeitung lesen. Du weisst selber am besten, wann du nur so nebenbei rauchst. Solche Situationen musst du in Zukunft verändern.

Ziel ist es, dass wenn du rauchst, du dies möglichst für dich tust. Am besten rauchst du für dich alleine. Das ist natürlich nicht immer möglich. Wenn du in Zukunft in Gesellschaft anderer rauchst, dann solltest du währenddessen dennoch möglichst viel mit deinen Gedanken beim Rauchen sein. Du solltest Gedanken haben wie: „Oh Mann schmeckt das gut, ah herrlich dieser Rauch."

Solche Gedanken kannst du dir auch machen, wenn gerade dein Chef neben dir steht oder sonst wer, schliesslich kann niemand deine Gedanken lesen. Das ist ganz wichtig. Du musst während dem Rauchen mit deinen Gedanken beim Rauchen sein und die Zigarette bewusst geniessen.

Damit du das nicht immer wieder vergisst, gebe ich dir hierzu zwei Tipps. Tipp Nummer eins: Mach dir auf jeder Zigarettenpackung, die du rauchst ein kleines Zeichen, das du siehst, wenn du dir eine Zigarette rausholst.

Es genügt auch, wenn du beim Öffnen einer neuen Packung eine Zigarette rausnimmst und sie verkehrt herum wieder reinsteckst. Wichtig ist nur, dass du einen reminder hast. Etwas, dass dich daran erinnert die Zigarette bewusst zu rauchen und bewusst zu geniessen. Bewusst rauchen und bewusst geniessen, darum geht es hier.

Tipp Nummer zwei: Rauche mit der anderen Hand. Es dauert ein paar Minuten, um eine Zigarette zu rauchen. Da du bestimmt ein sehr vergesslicher Mensch bist, wirst du schon nach kurzer Zeit den reminder vergessen haben und wieder völlig unbewusst am Glimmstängel ziehen. Deshalb wirst du von nun an mit der anderen Hand rauchen.

Was auch geht, ist die Zigarette einfach anders zu halten, zum Beispiel zwischen zwei anderen Fingern. Am besten überlegst du dir selber etwas, das bei dir funktioniert. Wichtig ist einfach, dass du es nicht vergisst bewusst zu rauchen. Das ist das Ah und Oh.

Weiter im Text. Dies hier wäre nicht ein Mach-buch, wenn es nicht hin und wieder etwas zu machen gäbe. Ja richtig, es folgt eine weitere Aufgabe. Na los du willensschwacher, fauler und unmotivierter Mensch. Gib dir einen Ruck, denk an die Siegergruppe und denk an die Losergruppe. Wo willst du hin? Wo willst du nicht hin? Richtig.

Also mach folgendes: Überlege dir Situationen, in denen du nur so nebenbei rauchst. In welchen Situationen machst du eine Haupttätigkeit und rauchst dazu? In welchen Situationen spielt das Rauchen nur die zweite Geige? In welchen Situationen zündest du dir ganz von alleine eine Zigarette an, wann folgst du wie ein Zombie-roboter deinen verinnerlichten Automatismen?

Schnapp dir ein Blatt Papier und liste ein paar solcher Situationen auf. Und leg den Stift nicht gleich wieder hin, sobald du zwei, drei Situationen gefunden hast. Streng dich ein bisschen an, gib dir Mühe. Also, kannst loslegen - jetzt.

In den nächsten Tagen und Wochen wirst du dich in diesen Situationen gezielt anders verhalten. Entweder du trennst die beiden Tätigkeiten. Anstatt morgens Zeitung zu lesen und dabei zu rauchen, machst du beides zeitversetzt. Zuerst geniesst du bewusst eine Zigarette und liest danach die Zeitung, oder anders rum, du entscheidest.

Sollte das für dich nicht in Frage kommen, gibt es eine Alternative, die ich aber nicht unbedingt empfehle. Du liest weiter deine morgendliche Zeitung und rauchst währenddessen. Aber du achtest dich dabei strikt darauf, beides bewusst zu tun. Jedes Mal wenn du an deinem Glimmstängel ziehst, machst du das bewusst und voller Freude und Genuss. Du zündest dir die Zigarette bewusst an, nimmst bewusst einen tiefen Zug, atmest voller Genuss aus, klopfst bewusst die Asche ab und drückst den Stummel bewusst aus. Dazwischen kannst du Zeitung lesen.

Wie gesagt, ich bin eher für die erste Methode, die mit dem zeitversetzten Rauchen. Meine Empfehlung ist jedoch beides auszuprobieren. Dabei geht es nicht darum herauszufinden, was dir lieber ist. Es geht darum herauszufinden, bei welcher Methode du bewusster rauchst.

Denk immer daran, es geht bei all dem hier immer darum mit dem Rauchen aufzuhören und das ist ein anstrengender Weg. Was du tun musst ist mit Mühe und Aufwand verbunden. „Geniesse jede Zigarette!", das klingt so schön und harmlos, in Wahrheit ist das eine grosse Herausforderung, der du dich stellen sollst. Es handelt sich hier um einen Lernprozess. Es geht darum zu lernen bewusst zu rauchen und jede Zigarette bewusst zu geniessen.

Ich empfehle dir das Ganze ein paar Tage zu üben, bevor du weiter liest. Sobald du dich erfolgreich fühlst, machst du mit dem nächsten Kapitel weiter. Es ist aber wirklich empfehlenswert zuerst zu lernen bewusst das Rauchen zu geniesse, denn im nächsten Kapitel wird es so richtig heftig. Good luck und bis bald.

6   Steigere deinen Genuss

Also gut, so wie's aussieht bist du inzwischen ein völlig neuer Mensch geworden. Ich sehe hier vor mir einen Menschen, der glücklich ist zu rauchen und der verstanden hat, wie man richtig raucht. Der unselbständige und dahinsiechende Waschlappen ist verschwunden und an seiner Stelle erstrahlt nun ein Adonis von einem Raucher, eine Aphrodite der Glimmstängel. Du bist nun jemand in dieser Welt, eine wahrhaftige Persönlichkeit.

Freunde von dir haben es sicher schon bemerkt und dich vermutlich auch schon darauf ange-sprochen. Wenn nicht, kannst du davon aus-gehen, dass sie hinter deinem Rücken über dich sprechen. Sie rätseln über dieses mystische Geheimnis, das dich umgibt und das dich so selbstbewusst und gelassen macht. Geniesse deine triumphale Zeit und freue dich auch auf die Zukunft, denn es wird noch viel besser.

Denke aber immer daran, diese strahlende Zukunft hat auch ihren Preis. Von nichts kommt nichts, sagt man bekanntlich, und das stimmt auch. Diese Kapitel wird dir viel abverlangen, aber auch viel geben, du wirst schon sehen. Du wirst an neue Grenzen stossen und in Sphären vordringen, die du nie zuvor gesehen hast.

In diesem Kapitel wirst du dich selber von einer völlig neuen Seite kennenlernen, deine Stärken und deine Schwächen werden dir hier gnadenlos vor Augen geführt. Im Vergleich zu dem was hier folgt, war alles Bisherige nur Pipifax und Kinderkram.

Du weisst doch noch wieso du dieses Buch liest, oder? Du möchtest endlich mit dem Rauchen aufhören und dieses Buch soll dir dabei helfen. Alles was du hier in diesem Machbuch machst bereitet dich darauf vor. Wir schaffen hier optimale Voraussetzungen.

Du hast schon vieles erreicht und spürbare Veränderungen an dir feststellen können. Du bist dein schlechtes Gewissen losgeworden und du hast gelernt das Rauchen bewusst zu geniessen. Es folgt nun der letzte Schritt der Vorbereitung. Wenn du diesen erfolgreich durchführst, wirst du bereit sein, dann bist du deinem Ziel schon ganz nah.

Im letzten Schritt der Vorbereitung geht es darum den Genuss beim Rauchen zu steigern. Damit meine ich aber nicht, dass du dir von jetzt an stärkere Zigaretten reinziehen sollst, ne, ne, ne, so einfach wird es nicht.

Mit der Methode, die ich dir hier vorstelle, wird es dir auf simple Weise gelingen den Genuss jeder Zigarette in ungeahnte Höhen zu treiben. In deinem ganz persönlichen Kampf zum Nichtraucher ist diese Methode deine stärkste Waffe. Merke dir das!

Das Ganze funktioniert ganz einfach. Es ist gewissermassen ein Spiel, das du hier lernst zu spielen, ein Spiel mit deiner Abhängigkeit. Bestimmt hast du schon oft Situationen erlebt, bei denen es dir nicht möglich war zu rauchen. Während eines Langstreckenflugs zum Beispiel, oder wenn du irgendwo in der Einöde warst und dir die Zigaretten ausgegangen sind. Solche Situationen gibt es immer wieder und für viele von euch ist so etwas die Hölle.

Aber kannst du dich auch daran erinnern, wie dir dann die alles erlösende Zigarette geschmeckt hat, als du endlich wieder rauchen durftest?

Ziemlich gut, nicht wahr? Immer wenn du lange Zeit nicht geraucht hast, schmeckt dir die erste Zigarette danach umso besser. Genau diesen Effekt machen wir uns zunutze. Mit Hilfe dieses Effekts steigern wir deinen Rauchgenuss.

Ziel ist es noch nicht, mit dem Rauchen aufzuhören, dafür bist du immer noch zu schwach, viel zu schwach. Jemand der sich das Ziel setzt ein professioneller Läufer zu werden, läuft auch nicht gleich ein Ironmanrennen und auch nicht einem Marathon. Ja ok, ich vielleicht schon, aber wir wissen ja bereits, dass ich eine einzigartige und beinahe göttliche Erscheinung bin auf dieser Welt, gewissermassen ein Spezialfall, natürlich im positiven Sinne.

Wer sich ein hohes Ziel setzt, der fängt am besten klein an und nähert sich dann Stück für Stück. So machen wir's auch. Dabei ist der Ansatz für deinen Erfolg entscheidend.

Unser Ansatz ist es nicht, einfach seltener zu rauchen und irgendwann damit aufzuhören, das wäre ja langweilig und würde deswegen auch nicht funktionieren. Unser Ansatz ist es, den

Genuss beim Rauchen zu steigern. Das ist beinahe das Gleiche, aber eben nur beinahe.

Kurz noch einmal zurück zur Sportmetapher. Du kannst das so sehen, deine Trainingsvorbereitungsphase ist abgeschlossen. Du hast dir neue Laufschuhe gekauft und die dazu passenden Sportkleider. Im Internet hast du dich schlau gemacht über alles Mögliche, was du über das Laufen wissen musst. Nun bist du bereit mit dem Training anzufangen.

Dein Training besteht nun darin, den Genuss beim Rauchen zu steigern. Wenn du alles was ich bisher von dir verlangt habe auch so umgesetzt hast, wie ich es von dir erwartet habe, dann bist du nun bestens dafür vorbereitet.

Was nun folgt ist ein weiterer Umbruch in deinem Rauchverhalten. Im letzten Kapitel hast du gelernt anders zu rauchen. In diesem Kapitel lernst du den empfundenen Genuss beim Rauchen zu steigern. Dabei geht es darum, aus dir einen Qualitätsraucher zu machen. Vorbei sind nun die Tage, in denen du eine Zigarette nach der anderen paffst, von nun an heisst es Qualität statt Quantität.

Ziel ist es, jede deiner zukünftigen Zigaretten zu einem besonderen Erlebnis zu machen. Natürlich wirst du dabei das bisher Erlernt weiterhin anwenden. Das Rauchen bewusst zu geniessen ist auch weiterhin Teil deines Lebens und wird es bis zu deiner letzten Zigarette bleiben. Zudem wirst du von nun an dafür sorgen, dass jede, wirklich jede Zigarette, die du rauchen wirst, eine wahrhaft göttliche Befriedigung sein wird.

Dazu musst du damit anfangen, ein wenig zu experimentieren. Du musst damit anfangen, die jeweils nächste Zigarette hinauszuzögern. Normalerweise bekommst du irgendwann Lust darauf eine zu rauchen, logisch, du bist ja schliesslich süchtig. Bisher war das für dich jeweils Anlass genug, um dir einen Glimmstängel anzuzünden und loszupaffen. Von nun an heisst es abwägen. Du musst dich bei jeder Zigarette fragen, ob du sie rauchen möchtest, oder ob du damit noch ein wenig warten möchtest.

Nun zeigt sich, wie wichtig der vorherige Schritt war. Einem bewussten Geniesser wird es viel leichter fallen eine Zigarette hinauszuzögern.

Ich hoffe, du hast deine Hausaufgaben gemacht. Wenn nicht, heisst es für dich ein Kapitel
zurück und fleissig weiterüben.

Ich gehe aber davon aus, dass du bezüglich
dem bewussten Geniessen bereits ein beinahe
zenbuddhistisches Niveau erreicht hast -
Chapeau. Du hast also meine Erlaubnis mit dem
Training anzufangen. Am Anfang wird dir das
Herauszögern vermutlich noch schwerfallen, mit
der Zeit wird es aber als wie einfacher, du wirst
dich daran gewöhnen.

Einen Fehler darfst du allerdings nicht begehen.
Du darfst dich nicht an einen Standard ge-
wöhnen. Das bedeutet, dass du nicht einfach
anfängst eine Stunde zu warten und das in
Zukunft so weiterführst. Es ist ok, wenn du zu
Beginn einfach eine Stunde wartest, unter
Umständen ist das bereits schon eine grosse
Herausforderung. Mit der Zeit wird eine Stunde
allerdings nicht mehr eine so grosse Heraus-
forderung sein.

Wenn du frisch mit dem Lauftraining anfängst,
so sind fünf Kilometer zwar eine lange Strecke,
nach ein paar Wochen jedoch ist das lediglich

das Einlaufen. Du siehst diese Metapher hat es mir angetan.

Es geht also nicht darum eine fixe Herauszögerungszeit zu erreichen, sondern die Wartezeit immer weiter zu steigern. Als Orientierung dient dir die gefühlte Befriedigung beim Rauchen. Denk immer daran, Ziel ist es den Genuss beim Rauchen zu steigern.

Ich rate dir, zu Beginn ein wenig auszuprobieren, um herauszufinden was für dich am besten funktioniert. Du darfst es nicht übertreiben mit den Wartezeiten, du darfst dich aber auch nicht selbst belügen. Beides ist nicht gut. Belügst du dich selbst, so machst du keine Fortschritte. Übertreibst du es, so wirst du nicht lange durchhalten. Du musst also deinen optimalen Trainingsbereich herausfinden. Dabei darfst du dir zu Beginn schon den einten oder anderen Muskelkater einfangen, es handelt sich hier schliesslich um einen Lernprozess.

Wie du weisst, dient dir als Referenz jeweils der erlebte Genuss beim Rauchen. Da du ja ohnehin bewusst rauchst, wird es dir leicht fallen herauszufinden, wie hoch der Genussfaktor jeweils ist. Ziel ist es, einen konstanten Hoch-genuss zu generieren. Dabei wird dir auffallen, dass die Abstände mit der Zeit als wie grösser werden, um dieses Ziel erreichen zu können. Die logische Konsequenz daraus ist, dass du weniger rauchen wirst, surprise. Dies hat einige Auswirkungen auf dich. Auf eine möchte ich hier eingehen.

Dein Umfeld wird bemerken, dass du weniger rauchst, speziell wenn du bisher ein starker Raucher warst. Man wird dich ziemlich sicher schon bald darauf ansprechen. Ich rate dir niemandem darüber zu berichten, was du gerade machst. Erzähle niemandem von dieser Methode und von diesem Buch, bis du ein Nichtraucher bist. Erzähle niemandem, wieso du seltener rauchst. Behalte für dich, wieso du in einer bestimmten Situation gerade mal keine rauchst, auch wenn du es ja sonst immer tust.

Die Menschen in deinem Umfeld werden merken, dass du weniger rauchst, aber sie werden auch immer noch sehen, dass du rauchst. Du musst ihnen also nicht sagen, dass du Nichtraucher geworden bist, oder dass du auf dem Weg dazu bist.

Du kannst sogar so weit gehen und ab und zu den Vorschlag unterbreiten eine rauchen zu gehen und wenn dir dann ein paar Leute folgen erfindest du kurzerhand eine Ausrede und gehst doch nicht mit. Klingt ziemlich asozial, die anderen zum Rauchen anzustiften und dann selber einen Rückzieher zu machen, ist es auch. Das sollte dir aber egal sein, schliesslich geht es darum, dass du es schaffst mit dem Rauchen aufzuhören und nicht sie. Solltest du es letztendlich in die Siegergruppe schaffen, kannst du ihnen ja dieses Buch empfehlen, aber wirklich erst dann.

Vielleicht ist dir ja in letzter Zeit ein bekannter Raucher aufgefallen, der weniger raucht? Tja, er liest bestimmt auch dieses Buch und ist dir ein paar Wochen oder Tage voraus. Mal schauen wie lange es geht, bis er kapiert, dass du das gleiche Buch liest und dasselbe machst. Auf keinen Fall darfst du den anderen darauf ansprechen. Cool blieben, Pokerface aufsetzen, keinesfalls lächeln wenn es wieder soweit ist und du oder er eine Zigarette auslässt. Einfach das Spiel spielen, er tut es, du tust es.

Lass dich auf keine Fall zu irgendwelchen Sachen verleiten dadurch. Du darfst deswegen nicht öfter oder weniger oft rauchen, als du eigentlich willst. Du ziehst dein Ding durch.

„Wieso ist das so wichtig?" Nicht schlecht, gute Frage. Mit dem Rauchen aufzuhören ist deine ganz persönliche Mission. Es ist etwas, bei dem dir niemand helfen kann und will. Ja natürlich bilde ich hier wieder einmal die glorreiche Ausnahme.

Mit dem Rauchen aufzuhören ist mit dem Überwinden persönlicher Schwächen verbunden. Ich kenne dich nicht und du kennst mich nicht, deshalb kann es dir also egal sein. Bei Menschen die du kennst ist das jedoch anders. Gerade andere Raucher werden dich zwar, wenn sie mit dir sprechen, für deinen Einsatz loben, insgeheim wünschen sie sich aber, dass du scheiterst. Das geschieht meist unterbewusst.

Wenn andere über dein Vorhaben mit dem Rauchen aufzuhören Bescheid wissen, dann werden sie anfangen dich zu sabotieren, bewusst und unbewusst. Es wird zu unangenehmen Fragen führen. Sollte dich also in nächster Zukunft jemand auf dein Rauchverhalten ansprechen und dich fragen, wieso du weniger rauchst, so antwortest du einfach damit, dass du irgendwie nicht mehr so sehr Lust hast zu rauchen wie auch schon, du weisst auch nicht wieso das so ist, aber du findest es eigentlich ganz ok, bestimmt ist das nur eine Phase, du machst dir da auch keine Hoffnungen, dass es so bleibt. So etwa in der Art.

Wenn dich jemand fragt, ob du am Aufhören bist, lügst du und sagst nein. Gewissermassen ist das ja nicht einmal gelogen, denn du bist nicht wirklich am Aufhören, sondern am Steigern deines Rauchgenusses.

Damit sind wir auch wieder beim eigentlichen Thema dieses Kapitels. Du musst in den nächsten Tagen und Wochen deinen eigenen Still entwickeln, um den Genuss beim Rauchen zu steigern. Natürlich ist das eine Aufgabe und natürlich wird es wieder eine Lesepause für dich geben. Wie lange die sein wird entscheidest du wieder selbst. Ein paar Wochen wird es bei den meisten von euch wahrscheinlich schon dauern.

Achte aber darauf, dass du schnelle Fortschritte machst.

Ich möchte hier nicht ein fixes Limit an Zigaretten festsetzen, die du pro Tag oder Woche rauchen darfst, um mit dem nächsten Kapitel fortzufahren. Ihr raucht ja alle unterschiedlich viel und habt alle verschiedene Persönlichkeiten, verschiedene Stärken und Schwächen und seit unterschiedlich stark süchtig.

Ich schlage daher vor, dass du erst weiterliest, wenn du sichtbaren Erfolg hast. Soll heissen, wenn du selber merkst, dass du immer wieder Fortschritte gemacht hast. Als Rahmen setzte ich einfach mal, dass du nicht länger als drei Wochen dafür brauchen solltest. Bei manchen von euch dauert es vielleicht länger, bei den meisten wird es wohl weniger lang gehen. Beginnen damit tust du jetzt.

7   Aufhören oder weiter rauchen?

Sieh nur wie weit du es gebracht hast. Ehrlich gesagt, ich kann es kaum glauben. Anfangs hielt ich dich für einen ziemlichen Versager. Ich hatte keine grosse Hoffnung in dich. Wieder so ein weicheiiges, willensschwaches Häufchen Elend hab ich gedacht, als du meinen ersten Zeilen gelesen hast. Und gerade speziell bei dir hatte ich das Gefühl, das kann ja nichts werden. Nun gut, selbst ich täusche mich manchmal, kommt zwar selten vor, aber es passiert.

Wenn du es auf ehrliche Weise bis hierher geschafft hast, kannst du echt stolz auf dich sein. Als Belohnung erhältst du von mir eine kleine Aufgabe. Lege das Buch kurz weg, klopfe dir mit deiner rechten Hand auf die linke Schulter und sag zu dir selbst: „Gut gemacht, ich bin stolz auf mich."

Ja, das klingt etwas lächerlich, aber du weisst, ich dulde es nicht, wenn man meine Aufgaben auslässt. Also mach's einfach, denk daran, ich bin hier der Boss und du gehorchst mir.

Sollte gerade jemand in deiner Nähe sein und deinen Schulterklopfer und dein Eigenlob mitbekommen, so dass du dich dafür schämst, hast du Pech gehabt. Dann heisst es ein ruhiges Plätzchen finden und die Aufgabe dort ausführen.

Haha, ich sehe dich schon vor mir, wie du die Aufgabe still und heimlich auf der Toilette machst, du kleiner Feigling, aber gut, Hauptsache du machst sie. Los Aufgabe machen, jetzt.

Da bist du ja wieder. Die Idee mit dem Spülen fand ich übrigens super, hat sehr überzeugend gewirkt. Solltest du die Gelegenheit tatsächlich gleich auch zum Wasserlassen benutz haben, so hoffe ich doch, dass du dir die Hände gewaschen hast, also bitte. Wenn nicht, mache ich daraus eine Aufgabe für dich. Haha, Scherz beiseite, soweit will ich dann doch nicht gehen.

Du hast es also bis hierher geschafft. Du hast die schwierige Aufgabe aus dem letzten Kapitel befriedigend erledigt. Wenn alles mit rechten Dingen zu und herging, dann sieht es so aus, als hätte ich aus dir einen ganz passablen Raucher gemacht.

Du rauchst nun nur noch selten, zumindest im Vergleich zu früher. Und natürlich rauchst du ganz bewusst, du geniesst deine Zigaretten ganz bewusst. Eine super Sache. Damit kannst du leben, denkst du vielleicht, und so Unrecht hast du damit auch gar nicht. Denn inzwischen bist du ein Prachtexemplar von einem Raucher.

Könnte doch nur jeder Mensch so rauchen wie du es kannst, denk ich mir gerade, ach wie schön wäre das. Tja, das ist allerdings Wunsch-denken. Wir leben nicht in einer Welt voller hoppelnder Kaninchen und rosaroter Zucker-watte. Die Welt in der wir leben ist die reale Welt und die schlägt immer wieder gnadenlos zu. Das Leben knallt uns immer mal wieder eins mitten ins Gesicht und das tut weh.

So gut du dich gerade fühlst und so stolz du auch gerade auf dein Erreichtest bist, es ist nicht von Dauer. Stunden und Wochen werden ver-gehen und eines Tages wirst du dich nicht mehr an das erinnern, was ich dir hier beigebracht habe.

Du wirst wieder anfangen öfters zu rauchen, der Genuss beim Rauchen wird zurückgehen. Du wirst wieder weniger bewusst rauchen und dir irgendwann ganz nebenbei eine anzünden. Bang, Spiel verloren, nichts gewonnen.

Du kannst gerne noch etwas mit dem Gedanken spielen, von nun an für immer so weiter zu rauchen wie du es zurzeit gerade tust und kannst. Spiel mit diesem Gedanken und wirf ihn dann in den Mülleimer. Er ist verlockend, ich weiss das. Aber er ist eben auch sehr gefährlich. Und schlussendlich gibt es nur einen Grund, weshalb du ihn hast: Du hast Angst.

Auch wenn man es bei dir vielleicht nicht vermuten mag, aber dein Gehirn ist ziemlich schlau. Dein Gehirn hat Angst etwas zu verlieren, etwas, das dich über die Jahre hinweg begleitet hat. Es hat sich derart an dein Gerauche gewöhnt, dass es ständig alles daran setzt, dass du damit weitermachst. Es ist schlau und es erfindet daher ständig Argumente, die dich zum Weiterrauchen überzeugen sollen.

Du stehst kurz davor zum Nichtraucher zu werden und dein Gehirn weiss das, so langsam aber sicher bekommt es Panik. Welches Argument deines Gehirns passt besser zu deiner momentanen Situation, als das Argument, für immer so weiter zu rauchen, wie du es gerade tust ist ok? Keines. Wie gesagt, dein Gehirn ist schlau. Doch keine Sorge, ich bin schlauer und wenn du auf mich hörst, bist du es auch.

Worum es hier in diesem Kapitel geht ist klar. Es geht darum eine Entscheidung zu fällen, die Entscheidung mit dem Rauchen aufzuhören. Du musst noch diesen einen letzten Schritt gehen. Jetzt wo es am schönsten ist, musst du mit dem Rauchen aufhören. Wie ein Spitzensportler der auf dem Höhepunkt seiner Kariere aufhört und anfängt sich anderen Dingen zu widmen.

Der Grund ist simpel. Die Gefahr besteht darin, in alte Verhaltensmuster zurückzufallen, dann du bist wieder in etwa gleich weit, wie vor dem Lesen dieses Machbuches. Es geht nun also darum einen passenden Abschluss für dich zu finden. Es geht darum, den bevorstehenden Übergang vom Raucher zum Nichtraucher zu planen.

Die Voraussetzungen, um mit dem Rauchen aufzuhören sind momentan ideal, schliesslich hast du unter meiner Regie genau darauf hingearbeitet.

Wie wir noch wissen, bist du nicht der Typ Mensch, der ganz einfach ruckartig und plötzlich mit dem Rauchen aufhören kann. Den grössten Schritt für ein erfolgreiches Aufhören hast du gemacht, indem du angefangen hast, als wie weniger zu rauchen. Von diesem wenig Rauchen ist es nun nur noch ein kleiner Schritt bis zum gar nicht mehr Rauchen.

Zwei Sachen musst du nun noch machen. Das erste ist, du musst dir in deinem Kopf klar darüber werden, dass du schon bald nie mehr rauchen wirst, ja richtig, nie mehr. Das zweite ist, du musst dir eine letzte Packung Zigaretten kaufen.

Die letzte Packung kaufst du dir an einem Kiosk. Wenn du noch Zigaretten vorig hast, so kannst du die entweder verschenken, verkaufen oder wegwerfen. Das ist wichtig, das ist eine Aufgabe. Es ist wichtig, dass du keine Zigaretten mehr besitzt und dann an einen Kiosk gehst und dir dein letztes Päckchen kaufst. Du gehst zu deinem Lieblingsverkäufer und sagst ihm, dass das hier deine letzte Packung Zigaretten ist. Das ist ebenfalls eine Aufgabe.

Diese letzte Packung Zigaretten rauchst du so, wie ich dir beigebracht habe zu rauchen. Du zögerst die Zigaretten hinaus, so dass es eine wahre Befriedigung ist sie zu rauchen. Und du rauchst sie natürlich ganz bewusst und geniesst sie auch ganz bewusst. Achte darauf, dass du beim Rauchen möglichst für dich alleine bist. Nach und nach wirst du deiner letzten Zigarette näher kommen.

Von der ersten bis zur letzten Zigarette dauert es ein paar Tage, vielleicht sogar Wochen. Du darfst während dieser Zeit nur von deinem eigenen, deinem letzten Päckchen rauchen. Wenn dich jemand nach einer Zigarette fragt, so steht es dir frei eine zu verschenken, du darfst aber auch ruhig nein sagen und erklären weshalb. Du musst nun kein Geheimnis mehr daraus machen, dass du dabei bist mit dem Rauchen aufzuhören. Irgendwann kommt es dann zu deiner letzten Zigarette.

Diese letzte Zigarette musst du ganz speziell zelebrieren. Und hier kommt wieder die erste Sache ins Spiel. Du musst dir im Kopf darüber im Klaren sein, dass du schon bald nie mehr eine rauchen wirst. Du musst dir zu diesem Zeitpunkt im Klaren sein, dass dies deine letzte Zigarette sein wird. Dazu braucht es psychische Vorbereitung. Und dazu komme ich jetzt.

Was du in nächster Zeit machen musst ist folgendes: Du musst dir Zeit nehmen. Du musst dir Zeit nehmen und nachdenken. Und zwar machst du das in den nächsten Tagen, bis zu deiner letzten Zigarette, mindestens einmal am Tag. Du machst das an einem Ort, wo du Ruhe hast und wo du dich wohl fühlst. Du schliesst deine Augen und du sprichst in Gedanken mit dir selbst. Es steht dir frei, dir zu sagen und zu denken was du willst. Wichtig ist nur, dass du dir Zeit dafür nimmst.

Du wirst feststellen, dass du selbst am besten weisst, wie lange du mit dir selbst Gedanken-gespräche führen musst. Auch hier ist jeder Mensch verschieden und ich kann daher keine Richtlinien festlegen. Deine Gedanken sollten einfach darum kreisen, dass du nun bald mit dem Rauchen aufhören wirst. Du machst dir Gedanken darüber, wie deine Leben in Zukunft als Nichtraucher aussehen wird, was das für Veränderungen mit sich bringt, wie es dir dabei ergehen wird, was du durchleben wirst, was du fühlen wirst, welche Schwierigkeiten dich erwarten werden, wie die Menschen in deinem Umfeld darauf reagieren werden und so weiter und so fort.

Wichtig ist einfach, dass du dich damit beschäftigst. Wie gesagt, mindestens einmal am Tag. Sollte es dir schwer fallen, dich daran zu erinnern dies zu tun, dann mach dir irgendwo einen reminder. Solltest du tagsüber keine Zeit finden, dann mach es vor dem Einschlafen. Meine Empfehlung ist, es vor dem Einschlafen sowieso zu machen und einmal tagsüber. Je mehr du dich damit beschäftigst, desto besser. Du musst dir darüber klar werden, dass es nun ernst gilt.

Du machst hier nicht einen Versuch mit dem Rauchen aufzuhören, sondern du hörst mit dem Rauchen auf. Das ist ein immenser Unterschied. Versuchen ist etwas für Anfänger und Waschlappen. Sich darüber im Klaren zu sein ist etwas für Siegertypen. Du weisst, dies wird deine letzte Packung Zigaretten sein, du weisst, du wirst danach nie mehr eine rauchen, du weisst, du bist schon bald Nichtraucher.

Irgendwann ist es dann soweit, es kommt der Moment deiner letzten Zigarette. Bestimmt wirst du dir bei deinen Gedankengesprächen auch darüber Gedanken machen. Du wirst dir überlegen, bei welcher Gelegenheit du sie rauchen möchtest, an welchem Ort, ob alleine oder in Gesellschaft, bei dir zu Hause oder draussen in der Natur. Du wirst dir Gedanken dazu machen, wie du sie anzünden wirst und natürlich auch darüber, wie du sie ausdrücken wirst. Du wirst dir Gedanken darüber machen, wie du dich fühlen wirst beim letzten Zug und beim letzten Ausatmen und beim Zeitpunkt danach.

In diesem Kapitel hab ich dir eine ganze Menge an Aufgaben aufgetragen. Eine davon hast du schon erledigt, die mit dem Schulterklopfer und dem Eigenlob, die ist abgehakt. Nur um dir die anderen nochmals ins Gedächtnis zu rufen, werde ich sie hier nochmals aufführen und dir am Schluss natürlich mit dem Wort „jetzt" den

Startschuss geben, diese Tradition wird selbstverständlich beibehalten.

Also, was du als erstes tun musst, ist deine alten Zigaretten loszuwerden, damit du dir dein letztes Päckchen kaufen kannst. Tja, bei mir klingt nicht immer alles logisch, aber es macht Sinn, wie du inzwischen sicher mitbekommen hast. Ok, so viel dazu. Das ist der kleinere Teil. Der grössere Teil ist die Aufgabe mit dem Kopfkino, der Teil mit den Selbstgesprächen, wo du dir über Situationen und Gefühle Gedanken machen musst. Mindestens einmal tagsüber und immer vor dem Einschlafen.

Dazu musst du dir einen reminder ausdenken, der gut funktioniert. Ok, du musst natürlich auch deine letzte Packung rauchen und bewusst geniesse und du musst deine letzte Zigarette zelebrieren, oder sie zumindest ein wenig würdigen.

Was danach noch folgt hab ich dir noch nicht gesagt. Nach der letzten Zigarette musst du drei Tage warten und danach weiterlesen, das letzte Kapitel. Es ist wichtig, dass es genau drei Tage sind, mach dir also mit deinem Handy einen

Termin, oder mach sonst irgendwas, damit du daran denkst.

Nochmals stichwortartig zusammengefasst: Zigaretten loswerden. Beim Lieblingsverkäufer das letzte Päckchen kaufen und ihm sagen, dass es dein letztes ist. Einen reminder machen für deine Gedankenzeiten. Dir jeden Tag Zeit nehmen, um dich damit zu beschäftigen, dass du schon bald Nichtraucher bist. Dein letztes Päckchen rauchen und bewusst geniessen. Deine letzte Zigarette zelebrieren. Drei Tage warten und dann das nächste Kapitel lesen. Auf geht's, machen, jetzt.

8 Geniesse es, nicht zu rauchen

Jetzt mal ehrlich, ist das was ich dich gelehrt habe nicht der Hammer? Dieser obergeniale Weg, wie du mit dem Rauchen aufhörst hat doch wirklich Stil. Also nicht das mit dem Buch lesen, Alter das war und ist schon ziemlich peinlich, wer liest schon ein Buch, um mit dem Rauchen aufzuhören.

Nein, ich meine natürlich das was im Buch drin steht. Dieser unglaublich coole Weg, diese fantastische, philosophische, bewusstseinserweiternde Art, bei der man zugleich noch so viel fürs eigene Leben mitnehmen kann. Eine Methode, an deren Ende du dich als Sieger sehen kannst, weil du es geschafft hast, dich auf bestmögliche Art und Weise aus einer schwierigen Situation heraus zu manövrieren.

Du warst lange Zeit einer von diesen echt coolen Rauchern, doch nun bist du in deiner Persönlichkeitsentwicklung noch einmal ein gutes Stück vorangekommen und noch weiser geworden. Und es geht sogar noch weiter. In diesem spannenden und interessanten letzten

Kapitel werde ich dich in noch mehr von meinen geistreichen und tiefgründigen Weisheiten einweihen.

Du weisst es vielleicht schon, oder du hast es zumindest schon einmal gehört, im Leben sind es die Taten die zählen und nicht die Worte. Dazu verrate ich dir gleich zu Beginn ein kleines, aber nicht unwichtiges Geheimnis, also hör gut zu: Beim Aufhören zu rauchen besteht die Tat oder das Tun darin, dass man alles daran setzt, alles dafür tut, keine einzige Zigarette mehr zu rauchen. Keine mehr, nie mehr. Das Tun besteht darin, bei jedem einzelnen inneren Kampf als Sieger hervorzugehen.

Wenn es um das eigene Rauchverhalten geht, so ist die einzige Haltung, die du diesbezüglich in Zukunft hast die, dass du nicht mehr rauchst, nicht jetzt und nicht in Zukunft, nie mehr. Zigaretten gibt's nicht mehr für dich. Sollte dir eine andere Einstellung einfallen, mit der du nie mehr eine Zigarette rauchen wirst, dann lass sie mich wissen. Kannst gerne nach einer suchen, du wirst keine finden. Willst du ein Nichtraucher sein, so ist das die einzige Einstellung, die es gibt, also eigne sie dir an. Am Anfang fällt dir das natürlich noch schwer, aber mit der Zeit wird es als wie leichter und zu einer Selbstverständlichkeit.

Zeit ist das passende Stichwort, das bringt uns gleich zur sogenannten Dreierregel, von der ich dir hier erzählen möchte. Ich gehe davon aus, dass sie bereits schon bald nach mir benannt werden wird, offiziell natürlich. Bei der Dreierregel geht es nicht um etwas sexuelles, sondern um signifikante Zeitunterschiede. Signifikant bedeutet so viel wie relevant oder wesentlich, jemandem wie dir erkläre ich das besser, das erspart dir die Zeit das Wort im Duden nachzuschlagen.

Du hast drei Tage warten müssen, um dieses Kapitel hier lesen zu dürfen. Richtig, da besteht ein signifikanter Zusammenhang, das hast du gut erkannt. Die ersten drei Tage zu überstehen gilt in der das-Rauchen-Abgewöhnungsszene als die schwierigste Phase. Nach drei Tagen fängt man an zu spüren, dass es anfängt einfacher zu werden, es fällt einem schon viel leichter. Du hast nachts viel geschwitzt und tagsüber oft ans Rauchen denken müssen. Diese erste Phase hast du bereits erfolgreich hinter dich gebracht. Das war die erste Drei. Es gibt drei Dreien.

Die zweite Drei ist die drei-Monate-Drei. Nach drei überstandenen Monaten bist du praktisch Nichtraucher. Wenn dus ab hier nicht mehr hinbekommst bist du echt ein Pflock. Während den ersten drei Monaten musst du aber noch gut aufpassen und stets auf der Hut sein. Dein Gehirn wird in dieser Phase immer wieder Attacken gegen dich starten. Es wird dir mit Argumenten und Ideen kommen wie: "Rauch doch eine, du hast so lange keine geraucht, du hast das Nichtrauchen im Griff, rauch einfach eine und danach wieder für ein paar Wochen keine mehr, du kannst das." Nein, kannst du nicht!

Wenn du schon einmal versucht hast mit dem Rauchen aufzuhören, weisst du wovon ich spreche. Es klappt einfach nicht. Sobald du auch nur eine einzige Zigarette rauchst, fängst du wider damit an, da kannst du Gift drauf nehmen. Also lass es. Und sowieso, willst du etwa deine von dir so würdevoll zelebrierte letzte Zigarette derart billig entweihen, sie einfach so verraten? Natürlich nicht.

Die letzte Drei ist die drei-Jahres-Drei. Selbst nach zweieinhalb Jahren wird es gelegentlich noch vorkommen, dass du daran denken wirst, wie schön es doch gerade wäre, wenn du Rauchen könntest. Ganz selten passiert sowas noch in den ersten drei Jahren. Aber das Gute ist, nach drei Jahren nicht mehr. Nach drei Jahren bist du offiziell Nichtraucher, denn streng genommen bist du es aus meiner Sicht vorher noch nicht.

Wer nach zwei Wochen Abstinenz bereits herumschreit, er habe mit dem Rauchen aufgehört, outet sich automatisch als Versager. Wenn dich jemand fragt, ob du mit dem Rauchen aufgehört hast, sagst du also ganz einfach, nein noch nicht, aber ich bin gerade dabei. Und wenn man dich dann fragt, wie lange du es schon versuchst, sagst du die Wahrheit. Sag zwei Jahre und zehn Monate, falls dies der Wahrheit entspricht.

Wer seine letzte Zigarette ausdrückt und gleich darauf anfängt herumzubellen, dass er nun Nichtraucher sei, ist von mir zu bedauern. Ein Teil von euch denkt sich jetzt: „Ja hätten Sie das doch schon im letzten Kapitel geschrieben, dann stünde ich jetzt nicht so blöd da." Ja hast du denn nichts dazugelernt? Beim Aufhören zu rauchen heisst es cool bleiben, man wirft nicht gleich alle seine Karten offen auf den Tisch. Denk immer daran, die anderen wollen dich verführen, sie wollen dich rauchen sehen.

Glaub mir, du wirst in den nächsten drei Jahren so viele Zigaretten angeboten bekommen, wie in deiner ganzen vergangenen Raucherkariere nicht. Also immer schön flach halten den Ball. Du musst nicht mehr lügen, aber du sollst auch keine grosse Sache daraus machen, verstanden? Wenn es in Gesprächsrunden um das Rauchen geht, oder um das Aufhören, dann hältst du dich gefälligst vornehm zurück mit deinen Ansichten und Kommentaren.

So, bald ist es soweit, bald schon wirst du von mir entlassen in deine ganz persönliche Zukunft als Nichtraucher. Nur noch wenige Sätze und dieses Buch, dieses Machbuch, ist zu Ende. Ich meinerseits habe mein Bestes getan, um dich auf deine bevorstehenden Prüfungen bestmöglich vorzubereiten.

Es warten noch ein paar harte und verführerische Wochen und Monate auf dich. Da heisst es hart bleiben und sämtliche Willensreserven, die in dir schlummern zusammenzukratzen. Mit etwas Glück hältst du durch, überstehst die nächsten drei Jahre ohne einer Verlockung zu erliegen und kannst dich danach getrost Nichtraucher nennen.

Solltest du das tatsächlich schaffen, dann hast du es in die Siegergruppe geschafft, in den erlauchten Kreis der heroischen Menschen, die im Stande sind aussergewöhnliches zu leisten. Denn seien wir ehrlich, es ist eine Leistung mit dem Rauchen aufzuhören, sogar eine grosse Leistung.

Immer wieder hält das Leben neue Herausforderungen für uns bereit. Wir nehmen sie an und meistern sie, oder wir scheitern daran. Sieg oder Niederlage. Kein Mensch kann immer nur siegen, das Verlieren gehört genauso zum Leben dazu. Wir verlieren und machen weiter. Wichtig ist nur, aus den Niederlagen zu lernen, nur so können wir wachsen.

Wie sehr du bereits gewachsen bist, wie sehr du bereits gereift bist, wird sich unter anderem auch darin zeigen, ob du es schaffst mit dem Rauchen aufzuhören. Ich persönlich bin der Meinung, dass man sich so weit entwickeln sollte, dass das Aufhören mit dem Rauchen eigentlich ein Kinderspiel sein sollte. Vielleicht möchtest du das Aufhören mit dem Rauchen ja auch als Startschuss sehen, für eine Reihe von noch viel aufregenderen und herausfordernderen Dingen, die du in deinem Leben noch erreichen möchtest. Das Aufhören mit dem Rauchen ist da gerade mal eine kleine Übung für dich, das Aufwärmen gewissermassen.

Nichts ist kostbarer als unsere Lebenszeit. Doch gerade heutzutage ist es sehr schwer im Leben den richtigen Weg zu finden, die richtigen Abzweigungen zu nehmen, denn es gibt so viele.

Mit dem Rauchen anzufangen ist aus meiner Sicht eine richtige Abzweigung, aber da gehen die Meinungen bereits weit auseinander. Wo dagegen schon ein viel grösserer Konsens besteht, ist bei der Meinung, dass das Aufhören mit dem Rauchen eine richtige Abzweigung ist. Also wähle diesen Weg und beschreite ihn, das gehört zusammen. Man entscheidet sich für etwas und man zieht es durch. Gehe deinen Weg, gehe ihn bewusst und vergiss dabei nicht, zu geniessen was dir gefällt.

Leben heisst Veränderung.

Geniesse dein Leben.

Geniesse deine Veränderungen.

Geniesse es, nicht zu rauchen.